Texto de Fabiana Werneck Barcinski e Rodrigo Lacerda

Ilustrações de Guazzelli

Jackie
uma campeã olímpica

pequenazahar

Jacqueline Silva, a Jackie, nasceu em pleno verão carioca, no dia 13 de fevereiro de 1962. Ainda pequena, indo à praia com a família e vendo o pai jogar vôlei com os amigos, ela descobriu seu esporte favorito.

Quando tinha 9 anos, ela própria começou a jogar vôlei. Depois da aula ia para o ginásio do colégio, na maior dedicação. Resultado: aprendeu rápido, sendo logo aceita no Flamengo, o clube mais popular da cidade.

Depois da escola e do almoço em casa, corria para os treinos e ficava a tarde toda no clube.

Lá, por ser ainda muito jovem, quase a mascote do time, era deixada batendo bola com a parede, fora da quadra, para treinar... Qualquer pessoa acharia isso um castigo, mas para Jackie foi uma oportunidade. Como a parede nunca errava, a menina ganhou habilidade e rapidez, aprendendo a botar a bola onde queria. Quando viu, estava jogando em quatro categorias diferentes: mirim, infantil, infantojuvenil e juvenil. E tudo isso com apenas 11 anos!

CLUB DE REGATAS DO FLAMENGO
PROGRAMA SOCIAL
OUTUBRO — 1975

Jackie tinha 13 anos quando seus pais se divorciaram. Foi um choque, mesmo tendo continuado a morar com o irmão mais velho e a mãe. Por sorte, a avó Guiomar também estava ali para ajudá-la no dia a dia, controlando seus horários, fazendo o almoço na hora certa e preparando lanches para as tardes de treino.

Jackie se refugiou no esporte. Nos fins de semana, jogava na praia; e de segunda a sexta, no clube. No Flamengo, ela aprendeu a ter espírito de equipe, a valorizar a união do grupo e a amizade das colegas. O vôlei era o que a deixava feliz e o que ela sabia fazer cada vez melhor.

Jackie se especializou como levantadora. (Valeu mesmo ter treinado tanto com a parede lá no início!) Ficou tão boa nessa posição que seu grande objetivo – jogar pela seleção brasileira – logo se realizou. A convocação chegou, e ela ainda não tinha completado 15 anos.

Mas nada vem fácil. Por um longo período Jackie teria de morar longe da família e dos amigos, frequentando outra escola, em Belo Horizonte. Teria também de viver num ambiente mais adulto, porque a preparação das adolescentes seria feita junto à seleção principal. Assim, as mais jovens iriam aprender a lidar com sentimentos difíceis, como inveja, vaidade e ciúme. E tudo isso numa rotina de treinos duríssimos, dois por dia, com hora para comer, hora para dormir, hora para tudo!

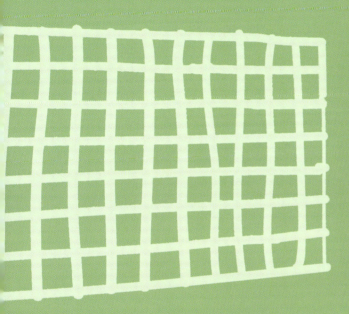

Ao chegar o seu aniversário de 15 anos, Jackie, morrendo de saudades de casa, pediu para ir comemorar com a família. Afinal, não era uma data qualquer. Mas não havia nem dois meses que estavam treinando, e o técnico aproveitou a oportunidade para devolvê-la à rotina de uma menina da sua idade. Jackie foi cortada da seleção!

Ela sofreu muito. Sobretudo porque, no Flamengo, continuava batendo um bolão. Tanto que, poucos meses depois, o técnico lhe deu uma segunda chance na seleção, só que dessa vez no time juvenil. O encanto, porém, estava temporariamente quebrado. De volta a Belo Horizonte, ela não rendeu como antes e foi novamente desligada, às vésperas do Mundial. Seu amor pela seleção precisava de tempo para cicatrizar. Mas não seu amor pelo vôlei.

Jackie conquistou com o Flamengo o campeonato brasileiro juvenil. No ano seguinte, agora no time principal, foi outra vez campeã brasileira, e considerada a melhor do torneio!

Jackie então recebeu um novo convite para a seleção adulta. Ficaria na reserva, mas faria parte do grupo. Apesar do temperamento forte, e consciente do seu valor, ela aceitou. Além de querer jogar, não podia perder a chance de aprender com as jogadoras mais experientes.

Já no Pan-Americano de 1979, em Porto Rico, Jackie fez a dobradinha perfeita com Isabel Salgado, sua grande amiga de escola que também jogava no Flamengo, e viria a ser outro prodígio do vôlei brasileiro.

O esquema era "simples". Jackie levantava as bolas bem alto e nas pontas, para que a colega soltasse o braço, cravando-as no campo das adversárias. A dupla Jackie e Isabel, responsável pela maioria das jogadas ofensivas do Brasil, deu ao time o prêmio de Melhor Ataque do Pan, e a medalha de bronze.

Nas Olimpíadas de Moscou, o time brasileiro foi convidado a preencher uma das vagas. Pela primeira vez o nosso vôlei feminino iria participar. Era um grande passo para o esporte, que ainda se firmava no país do futebol. Com apenas 18 anos, foi uma grande emoção para Jackie. O time não ganhou medalha, mas ela soube tirar lições da experiência, observando de perto as grandes craques do mundo.

Na volta ao Brasil, o vôlei feminino se profissionalizou. Tendo chamado a atenção do público, passou a ser transmitido pela TV, ganhou patrocinadores, ofereceu às atletas melhores condições de trabalho. Ao idealismo e à dedicação pessoal das jogadoras somou-se uma nova postura, com mais carisma e mais confiança para vencer.

1980

Os resultados surgiram naturalmente. No Mundialito de 1982, em São Paulo, sempre diante de um estádio do Ibirapuera lotado, e com transmissão dos jogos pela TV, a equipe feminina mostrou seu valor. Ganhou das gigantas soviéticas – as campeãs olímpicas! – e das pimentinhas coreanas. Só perderam na final, para as feras supremas na época, as japonesas. Compondo o ataque, além de Jackie e Isabel, havia também Vera Mossa, a outra grande estrela do time. Ao longo dessa campanha espetacular, as jogadoras ganharam o apelido de "Meninas do Brasil".

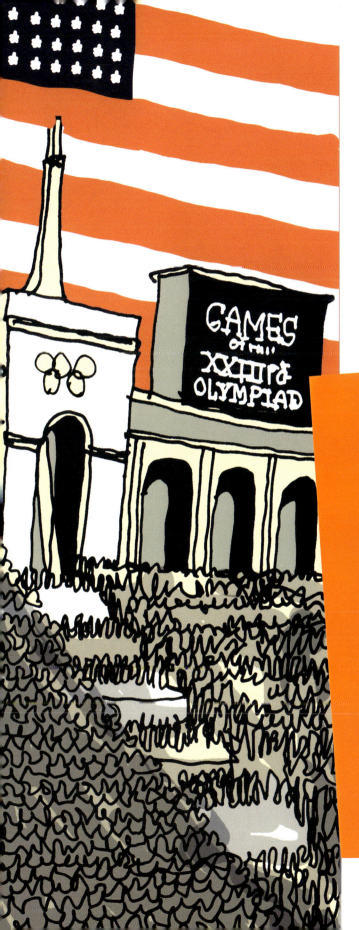

A primeira chance real de alcançar uma medalha olímpica veio em 1984, nos Jogos Olímpicos de Los Angeles. Foram seis meses de treino, em São José dos Campos. A chave era muito, muito difícil: China, as campeãs do mundo; Alemanha Ocidental, adversárias sempre tinhosas; e Estados Unidos, simplesmente as donas da casa. Ganhar das chinesas era impossível. Para chegar à semifinal, seria preciso vencer as alemãs e partir para o tudo ou nada contra as americanas. Ganhar essa última partida, no entanto, seria uma zebra.

Quando o jogo contra os Estados Unidos começou, o Brasil surpreendeu e fez logo 2 × 0. Ficou com a mão na taça. Mas aí as americanas ganharam o terceiro set, e depois o quarto, empatando o jogo em 2 × 2. Isso deu moral às adversárias. O suspense tomou conta das arquibancadas, e era evidente o nervosismo de todas as jogadoras.

As Meninas do Brasil respiraram fundo. No último set, conseguiram chegar a 14 × 12. Estavam muito perto da classificação, faltando um último pontinho. Infelizmente, foi esse pequeno detalhe que fez nossas jogadoras perderem o controle da situação. Sem acreditar, no fundo, que podiam vencer as poderosas americanas, o time acabou permitindo a virada: 16 × 14.

As brasileiras terminaram no mesmo penúltimo lugar que ficaram em Moscou. Resultado injusto para um grupo que tinha evoluído tanto nos últimos quatro anos! Ali, parte da geração que popularizou o esporte no país dava adeus às quadras. Sem a consagração olímpica, mas com a consciência de ter aberto os caminhos do vôlei feminino no Brasil.

Ao retornar da Olimpíada, a situação de Jackie com os dirigentes brasileiros se complicou. Muito elogiada na imprensa internacional – pela velocidade e precisão com que levantava as bolas –, ela denunciou publicamente que o contrato da seleção com os patrocinadores previa pagar salário apenas para o time masculino. Ora, o justo seria que as mulheres também recebessem!

Sentindo-se desafiados, os dirigentes cortaram Jackie da seleção. Tempos depois, reintegrada ao time, ela novamente se rebelou. Num ato simbólico de protesto, quando a equipe feminina recebeu os novos uniformes, Jackie, na hora de treinar, virou o seu agasalho ao avesso, escondendo a marca do patrocinador. Nessa mesma noite, em agosto de 1985, foi cortada da seleção pela terceira e última vez.

No Brasil, as portas do vôlei se fechavam para ela.

Jackie ficou sem rumo. O jeito era dar uma guinada radical. Ela decidiu investir no vôlei de praia. Afinal, sua paixão pelo esporte começara nas areias de Copacabana, e, quando esteve em Los Angeles, conhecera melhor a nova modalidade. Para levar a ideia adiante, contudo, era preciso sair do Brasil, pois aqui o vôlei de praia ainda engatinhava.

Ela então vendeu tudo o que tinha – inclusive rifou seu bem mais precioso, a querida Vespa cor de cereja! – e se mudou para a Califórnia, berço do vôlei de praia.

Foi o começo de uma nova história. Lá encontrou um ótimo técnico, Pat Zartman, e outro incentivador importante, Paul Gross, na casa de quem chegou a morar, enquanto não ganhava o bastante para viver.

Para jogar bem na praia, ela teve de treinar muito! Jogando em dupla, é preciso cobrir todos os espaços, atacar e defender. E na areia isso exige maior agilidade e força corporal, ainda mais debaixo do sol quente. Jackie treinava de seis a oito horas por dia, todo dia.

Logo na primeira temporada californiana, fazendo dupla com Linda Chisholm, Jackie venceu "só" dez dos onze torneios de que participou. As premiações americanas, contudo, ainda não eram suficientes para sustentá-la. Por isso, ela aceitou o convite de um time da Itália para jogar em quadra, recebendo um excelente salário.

Afora Linda, ela teve três outras parceiras na Califórnia. Das sete temporadas que jogou por lá, foi campeã em quatro. Durante cinco anos, subiu ao pódio em todas as etapas de que participou.

Sua ousadia inspirou mudanças até nas regras do vôlei de praia! Os bloqueios passaram a ser aceitos também nos jogos femininos, e os levantamentos puderam ser feitos tanto com a tradicional manchete quanto com o toque – especialidade de Jackie.

Vencendo e convencendo, as premiações aumentaram e Jackie conseguiu patrocinadores individuais. Era sua recompensa pela audácia de ir jogar em outro país.

Enquanto isso, também no Brasil as coisas começavam a mudar. Ainda em 1987, a Federação Internacional de Voleibol (FIVB) reconheceu oficialmente o vôlei de praia e organizou um campeonato no Rio de Janeiro. Mas apenas para homens... (Só seis anos depois haveria um campeonato de vôlei de praia também para mulheres, em Copacabana, com a presença do presidente do Comitê Olímpico Internacional, o COI, para julgar se a modalidade seria incluída nos próximos Jogos Olímpicos.)

Jackie, desde sempre craque na defesa e no levantamento, a essa altura havia aperfeiçoado o saque e seu jogo ofensivo. Consagrou-se a rainha do vôlei de praia na Califórnia. Ficou tão famosa por lá que dava autógrafos na rua e tinha até cartaz e cartão-postal com foto sua!

Quando tudo parecia bem, as coisas se complicaram outra vez. Como o jogo na praia exige muito do corpo das jogadoras, Jackie teve uma lesão grave no ombro. Além disso, começou a ficar difícil encontrar novas parceiras. Seu técnico a consolava, recomendando que tivesse paciência, aprendesse com as dificuldades e ficasse atenta, pois o sucesso mundial do vôlei de praia abriria caminho para os Jogos Olímpicos de Atlanta, a serem realizados em 1996.

Jackie usou a adversidade a seu favor. Curada da contusão, treinou como nunca, dedicando-se ao máximo nas areias. Sua vida estava prestes a dar uma nova cambalhota...

27

O vôlei de praia estava praticamente confirmado como modalidade olímpica. Era 1993 e, nessa expectativa, Jackie veio ao Brasil procurar uma parceira. Durante alguns meses, testou várias duplas, inclusive a amiga Isabel.

No ano seguinte, quando o Comitê Olímpico Internacional incorporou definitivamente o esporte, era chegada a hora de firmar uma parceria e voltar para nova temporada de treino nos Estados Unidos. A escolhida foi Sandra Pires, uma jogadora de 21 anos, muito ágil e que não gostava nem um pouco de perder.

As duas voaram para a Califórnia e trabalharam duro. Jackie teve a ideia de treinar sempre debaixo do sol forte, para atingir um nível de preparo físico acima da média. Com 600 atletas de 42 países, elas disputaram, e conseguiram, uma vaga para os Jogos de Atlanta. Nunca é fácil a convivência entre pessoas de temperamento forte, mas as duas tinham em comum a seriedade e a determinação.

Atlanta era a terceira Olimpíada que Jackie disputava, e dessa vez estava decidida a vencer. Embora confiante, ela foi ainda mais cuidadosa no planejamento. Preferiu alugar uma casa próxima da arena do vôlei de praia, por exemplo, pois ali não teriam as distrações da Vila Olímpica e ficariam distantes da mídia, que especulava sobre o favoritismo delas.

Atlanta

O torneio então começou. Sua dupla foi vencendo todas as partidas, contra Indonésia, Austrália e as outras brasileiras, Adriana e Mônica. As adversárias sacavam em cima de Jackie, para evitar seu levantamento de bola e diminuir a potência do ataque, mas ela fazia as recepções e ainda furava os bloqueios. Na semifinal, Jackie e Sandra bateram as americanas. Uma medalha estava garantida. Para aumentar a emoção, a disputa pelo ouro seria uma nova partida contra a outra dupla brasileira. Pela primeira vez as mulheres do Brasil estariam no degrau mais alto do pódio olímpico. E para Jackie era a última chance.

No dia da final, 27 de julho de 1996, a pressão era enorme sobre elas, dentro e fora de quadra. Jackie e Sandra acordaram muito cedo e seguiram para a arena. Queriam evitar jornalistas, fotógrafos, um encontro acidental com Adriana e Mônica, enfim, qualquer coisa que atrapalhasse a concentração.

Quando o jogo começou, as adversárias pegaram Jackie e Sandra desprevenidas. Tendo perdido o primeiro jogo, a outra dupla mudou de tática e forçou o saque em Sandra, que não havia sofrido esse tipo de pressão nos jogos anteriores. O set foi disputado ponto a ponto, com Jackie e Sandra vencendo por 12 × 11.

No segundo set, Sandra já estava preparada. Além disso, ao trocar de lado no campo, observando a expressão das adversárias, Jackie percebeu que elas haviam ficado emocionalmente abaladas pela derrota num primeiro set tão equilibrado. Então, naquele exato momento, teve certeza da vitória.

O resto da partida foi relativamente fácil. Ela e Sandra mantiveram o jogo sob controle do primeiro ao último ponto. Jackie, enquanto jogava, parecia estar assistindo ao filme de sua vida até ali, em câmera lenta, que terminava com seu maior sonho se realizando. Ela e Sandra ganharam o set decisivo por 12 × 6.

Enfim, a medalha de ouro!

Foi a primeira medalha olímpica feminina para o Brasil. Aliás, foram duas, por causa da emocionante dobradinha brasileira no pódio. O país vibrou com a conquista. Sobretudo as mulheres, representadas e honradas pelas meninas do ouro e da prata!

Alguns dias depois, o time feminino de vôlei de quadra também subiria pela primeira vez no pódio olímpico, para receber a medalha de bronze. Foi um ano histórico para o voleibol feminino brasileiro.

A trajetória de Jackie, como a de várias outras campeãs, teve altos e baixos, perdas e ganhos. Mas uma grande certeza sempre a motivou: o voleibol é sua essência, o que a faz ser quem é.

Jackie sempre diz: "Na vida você pode conquistar muita coisa, mas não tem pódio ou medalha no final. Só o esporte é capaz de dar a felicidade palpável." E acrescenta: "Para vencer, não basta executar as jogadas conhecidas com perfeição, é preciso fazer alguma coisa diferente."

Para compreender melhor

O vôlei na vida de Jackie

Atletas brasileiras nos Jogos Olímpicos

Medalhas conquistadas por elas

Regras do jogo

O vôlei na vida de Jackie

1973 — Campeã Carioca mirim pelo Flamengo

1975 — Campeã Carioca mirim, infantil, infantojuvenil e juvenil pelo Flamengo

1976 — Campeã Carioca infantil, infantojuvenil e juvenil pelo Flamengo

1977 — Campeã Carioca infantil, juvenil e aspirante pelo Flamengo ★ Campeã do Campeonato Brasileiro juvenil pelo Flamengo

1978 — Campeã Carioca juvenil pelo Flamengo ★ Vice-Campeã Sul-Americana infantojuvenil pelo Flamengo, na Argentina

1979 — Medalha de Bronze dos Jogos Pan-Americanos em Porto Rico ★ Melhor Jogadora do Pré-Olímpico na Holanda

1980 — Participação nos Jogos Olímpicos de Moscou, União Soviética

1981 — Campeã no Sul-Americano de Clubes pelo Flamengo

1982 — Campeã pela Supergasbras (primeira empresa a ter equipe de vôlei profissional)

1983 — Campeã do Universiade (Olimpíada Universitária), no Canadá

1984 — Participação nos Jogos Olímpicos de Los Angeles, Estados Unidos; conquista o título de Melhor Levantadora no campeonato

1985 — Lança o livro *Vida de vôlei*

1986 — Muda-se para a Califórnia, Estados Unidos, e começa a jogar vôlei de praia, ganhando 10 dos 11 torneios dos quais participa com sua dupla Linda Chisholm

1987 — Participa da fundação da Associação de Vôlei de Praia Feminino nos Estados Unidos (WPVA) ★ Recebe o prêmio máximo do vôlei de quadra na Itália

1988 — Ganha 12 dos 16 torneios de vôlei de praia dos quais participa nos Estados Unidos

1989 — Ganha 14 dos 16 torneios de vôlei de praia dos quais participa nos Estados Unidos

1990
Primeira colocada no Ranking Americano de Vôlei de Praia ★ Vence 12 torneios de praia nos Estados Unidos e é considerada pelo canal de TV ESPN a Melhor Jogadora do ano

1991
Vem ao Brasil orientar workshops de vôlei de praia

1993
Terceiro lugar, com Isabel Salgado, no Torneio Mundial de Vôlei de Praia (FIVB)

1994
Melhor Jogadora de vôlei de praia pela AVP (Associação dos Jogadores de Vôlei de Praia, Estados Unidos)

1995
Primeiro lugar no Ranking do Circuito Banco do Brasil de Vôlei de Praia ★ Primeiro lugar no Ranking do Circuito Mundial de Vôlei de Praia

1996
Medalha de ouro na modalidade vôlei de praia nos Jogos Olímpicos de Atlanta, Estados Unidos, com sua dupla Sandra Pires ★ Primeiro lugar no Ranking do Circuito Mundial do Vôlei de Praia ★ Melhor Atleta do ano pelo Comitê Olímpico do Brasil

Instituto Jackie Silva

Em 1999, a atleta fundou o Instituto Jackie Silva, com a ideia de que o esporte pode auxiliar os jovens em seu convívio social, aperfeiçoando novos talentos do voleibol e oferecendo oportunidades aos menos favorecidos. O Instituto trabalha com escolas públicas e privadas no Estado do Rio de Janeiro, em parceria com o governo, prefeitura e empresas privadas.

Em 2008, Jackie iniciou o programa Atletas Inteligentes, pelo qual recebeu da Unesco o prêmio Atleta pelo Esporte – concedido a atletas de ponta que promovem os valores da educação e das atividades esportivas.

Hoje, Jackie é convidada a dar palestras motivacionais no Brasil e no mundo.

Mais informações:
www.jackiesilva.com.br

2009
Recebe o prêmio Atleta pelo Esporte da Unesco

2008
Aposenta-se do voleibol profissional, aos 44 anos ★ Cria o programa Atletas Inteligentes no **Instituto Jackie Silva**

2006
Entra para o Hall da Fama do Voleibol

2004
Lança o livro *Jackie do Brasil: autobiografia de uma jogadora não autorizada*

1999
Eleita Atleta da Década pela Federação Internacional de Voleibol (FIVB) ★ Funda o Instituto Jackie Silva ★ Estreia a coluna semanal "Levantando a Bola" no *Jornal dos Sports*

1998
Inaugura o Jackie Clube de Vôlei, no Rio de Janeiro

1997
Segundo lugar no Ranking do Circuito Mundial de Vôlei de Praia

Atletas brasileiras nos Jogos Olímpicos

A primeira participação do Brasil em Jogos Olímpicos foi em 1920, na Antuérpia, Bélgica, apenas com atletas masculinos. A primeira atleta brasileira a participar de uma edição dos Jogos foi a paulista Maria Lenk, em 1932, na natação – aliás ela também foi a primeira sul-americana a competir.

As primeiras medalhas de atletas femininas brasileiras foram conquistadas nos Jogos de Atlanta, quando tivemos nossa primeira medalha de ouro com a dupla Jackie Silva e Sandra Pires.

Até hoje, as brasileiras ganharam 22 medalhas nos Jogos Olímpicos de que participaram.

Ano	Cidade, País	Atletas brasileiras nos Jogos Olímpicos
1932	Los Angeles, Estados Unidos	1
1936	Berlim, Alemanha	6
1948	Londres, Inglaterra	11
1952	Helsinque, Finlândia	5
1956	Melbourne, Austrália	1
1960	Roma, Itália	1
1964	Tóquio, Japão	1
1968	Cidade do México, México	3
1972	Munique, Alemanha	5
1976	Montreal, Canadá	7
1980	Moscou, União Soviética	15
1984	Los Angeles, Estados Unidos	22
1988	Seul, Coreia do Sul	35
1992	Barcelona, Espanha	51
1996	Atlanta, Estados Unidos	66
2000	Sidney, Austrália	94
2004	Atenas, Grécia	122
2008	Pequim, China	133
2012	Londres, Inglaterra	123

Medalhas conquistadas por elas

VÔLEI DE PRAIA
Jacqueline Silva e Sandra Pires
1996

SALTO EM DISTÂNCIA
Maurren Maggi
2008

VÔLEI DE QUADRA
2008

JUDÔ
Sarah Menezes
2012

VÔLEI DE QUADRA
2012

VÔLEI DE PRAIA
Adriana Samuel e Mônica Rodrigues
1996

BASQUETE
1996

VÔLEI DE PRAIA
Adriana Behar e Shelda Bedê
2000

VÔLEI DE PRAIA
Adriana Behar e Shelda Bedê
2004

FUTEBOL
2004

FUTEBOL
2008

VÔLEI DE QUADRA
1996

VÔLEI DE QUADRA
2000

BASQUETE
2000

VÔLEI DE PRAIA
Adriana Samuel e Sandra Pires
2000

JUDÔ
Ketleyn Quadros
2008

TAEKWONDO
Natália Falavigna
2008

VELA
Fernanda Oliveira e Isabel Swan
2008

BOXE
Adriana Araújo
2012

JUDÔ
Mayra Aguiar
2012

PENTATLO MODERNO
Yane Marques
2012

VÔLEI DE PRAIA
Juliana Silva e Larissa França
2012

Regras do Jogo

Regras gerais do voleibol

🚩 Fundamentos do voleibol: toque, manchete, saque, cortada, bloqueio.

🚩 O jogo precisa de duas equipes em uma quadra dividida por uma rede. Não existe contato corporal entre os jogadores, e é proibido tocar na rede.

🚩 O objetivo é enviar a bola, por cima da rede, com a intenção de que ela toque o solo da quadra adversária.

toque

manchete

saque

cortada

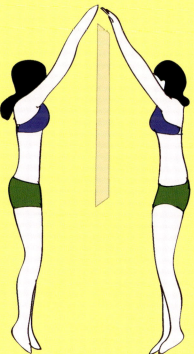
bloqueio

🚩 Cada time tem direito a dar no máximo três toques na bola antes de mandá-la para a quadra adversária.
(Atenção: no vôlei de quadra, o bloqueio não conta como um toque.)

🚩 O jogo se inicia com um saque, realizado por um jogador no fundo da quadra.

🚩 Se o time que sacou vence a jogada, ele marca 1 ponto e continua a sacar. Se o time receptor é o vencedor, além de marcar 1 ponto, ganha o direito de sacar na jogada seguinte.

🚩 O jogo é dividido em partes chamadas de sets.

Regras básicas do Vôlei de quadra

🚩 12 jogadores por time: 6 em quadra, 6 no banco reserva.

🚩 As posições são numeradas da seguinte forma: três jogadores ao longo da extensão da rede formam a linha de frente e ocupam as posições 4 (ponta da rede), 3 (centro da rede) e 2 (saída da rede); os três restantes formam a linha de trás, ocupando as posições 5 (diagonal de defesa), 6 (centro de defesa) e 1 (posição do saque).

Na hora do saque os jogadores devem ficar em posições determinadas. Após o golpe do saque, poderão se mover com liberdade, desde que os jogadores que jogam atrás respeitem a linha dos 3 metros.

Quando a equipe receptora ganha o direito de sacar, seus jogadores rodam uma posição no sentido dos ponteiros do relógio: o jogador na posição 2 avança para a posição 1 para sacar, o jogador da 1 avança para a posição 6, e assim por diante.

linha dos 3 metros

No vôlei de quadra o set é de 25 pontos. Em caso de empate 24 × 24 pontos, o jogo continua até que a diferença de 2 pontos seja atingida (26 × 24, 27 × 25 etc.). Ganha a partida o time que vencer três sets.

Em caso de empate nos sets, 2 × 2, o quinto set é decidido em 15 pontos. Em caso de empate 14 × 14 pontos, o jogo continua até que a diferença de 2 pontos seja atingida (16 × 14, 17 × 15 etc.).

Regras básicas do Vôlei de praia

🚩 2 jogadores por time

🚩 No vôlei de praia o set é de 21 pontos. Em caso de empate 20 × 20 pontos, o jogo continua até que a diferença de 2 pontos seja atingida (22 × 20, 23 × 21 etc.). Ganha a partida o time que vencer dois sets.

🚩 Em caso de empate nos sets, 1 × 1, o terceiro set é decidido em 15 pontos. Em caso de empate 14 × 14 pontos, o jogo continua até que a diferença de 2 pontos seja atingida (16 × 14, 17 × 15 etc.).

Sobre os autores

Fabiana Werneck Barcinski é historiadora, roteirista e editora de livros. É autora dos livros da série *Um pé de quê?*, inspirada no programa de TV homônimo de Regina Casé e Estevão Ciavatta. Fundou o selo infantojuvenil Girafinha, em 2006, do qual foi a editora responsável até 2009. É mestre em história social da cultura pela PUC-Rio.

Rodrigo Lacerda é escritor, tradutor, professor e editor. Para o público juvenil, escreveu *O fazedor de velhos* (Prêmio Literário da Biblioteca Nacional; Prêmio Jabuti; Prêmio FNLIJ) e *Hamlet ou Amleto?: Shakespeare para jovens curiosos e adultos preguiçosos*. Doutor em teoria literária e literatura comparada pela USP, dirige a coleção Clássicos Zahar.

Sobre o ilustrador

Guazzelli é ilustrador, quadrinista, diretor de arte para animação e professor. Ilustrou diversos livros e publicações no Brasil, Argentina, Uruguai, Espanha e França. Ganhou o troféu HQ Mix pelos livros *Bamboletras*, *O relógio insano* e *Grande sertão: veredas*. Obteve também o prêmio de Melhor Diretor de Arte no Festival de Cinema de Gramado pela animação *Até que a Sbórnia nos separe*. É mestre em comunicação pela ECA-USP.

Copyright do texto © 2015, Fabiana Werneck
Barcinski e Rodrigo Lacerda
Copyright das ilustrações © 2015, Guazzelli

Copyright desta edição © 2015:
Jorge Zahar Editor Ltda.
rua Marquês de S. Vicente 99 – 1º
22451-041 | Rio de Janeiro, RJ
tel (21) 2529-4750 | fax (21) 2529-4787
editora@zahar.com.br | www.zahar.com.br

Todos os direitos reservados.
A reprodução não autorizada desta publicação,
no todo ou em parte, constitui violação de
direitos autorais. (Lei 9.610/98)

Grafia atualizada respeitando o novo
Acordo Ortográfico da Língua Portuguesa

Conselho editorial Ana Cristina Zahar,
Ana Paula Rocha, Ana Paula Tavares, Dolores
Prades, Mariana Zahar e Rodrigo Lacerda

Coordenação editorial Ana Cristina Zahar
Projeto gráfico Mayumi Okuyama
Impressão Geográfica Editora

Créditos das imagens

p.3, p.39 (superior), p.40: Arquivo pessoal.
p.8, p.38 (inferior, esquerda): Cezar Loureiro/
Agência O Globo
p.18-19: José Doval/Agência O Globo
p.20: Jorge Marinho/Agência O Globo
p.27: Ari Gomes
p.35, p.36, p.39 (inferior), capa: Ivo Gonzalez
p.38 (centro): Manoel Soares/Agência O Globo
p.38 (inferior, direita): Marcia Foletto/Agência
O Globo

Todos os esforços foram feitos para
identificar possíveis detentores de direitos.
Caso tenha havido alguma violação
involuntária, eventuais omissões
serão incluídas em futuras edições.

CIP-Brasil. Catalogação na publicação
Sindicato Nacional dos Editores de Livros, RJ

B22j

Barcinski, Fabiana Werneck
Jackie: uma campeã olímpica/Fabiana Werneck Barcinski, Rodrigo Lacerda; ilustração Guazzelli. – 1.ed. – Rio de Janeiro: Pequena Zahar, 2015.

il.

ISBN 978-85-66642-45-2

1. Silva, Jacqueline, 1962 – Infância e Juventude – Literatura infantojuvenil. 2. Literatura infantojuvenil brasileira. I. Lacerda, Rodrigo. II. Guazzelli (Ilustrador). III. Título.

15-27120

CDD: 028.5
CDU: 087.5